າງຮັກສາຄວາມສະອາດເຮັດ
ໃຫ້ຂ້ອຍມີສຸຂະພາບແຂງແຮງ

ໂດຍ: ໂຈ ເສເສບເບ໌

ຮູບໂດຍ: ຈອນ ໂຣເບິດ ເອຊູໂລ

Library For All Ltd.

ປຶ້ມພາສາລາວເຫຼັ້ມນີ້ ຖຶກສະໜັບສະໜູນໂດຍການຮ່ວມມືຂອງ

ຮູບແຕ້ມຕົ້ນສະບັບໂດຍ ຈອນ ໂຣເບິດ ອາຊູໂລ

ການຮັກສາຄວາມສະອາດເຮັດໃຫ້ຂ້ອຍມີສຸຂະພາບແຂງແຮງ
ເສເສບເບີ, ໂຈ
ISBN: 978-9932-09-057-0
SKU00863

ການຮັກສາຄວາມສະອາດເຮັດໃຫ້ຂ້ອຍມີສຸຂະພາບແຂງແຮງ. ຂ້ອຍລ້າງມືແລະຕີນຂອງຂ້ອຍ.

ຂ້ອຍໃຊ້ສະບູ ແລະ ນ້ຳສະອາດ.

ອຍເຊັດມື ແລະ ຕົບດ້ວຍຜ້າແພ.

ມື່ອຣອດຍາມກິນເຂົ້າ
ຂ້ອຍລ້າງມໍຕະຫຼຸອດເອລາ.

ຫຼັງຈາກກິນເຂົ້າແລ້ວ ຂ້ອຍລ້າງຈານ
ຂອງຂ້ອຍແລະເອົາໄປເກັບມ້ຽນ.

ຕອນນີ້ຂ້ອຍສະອາດ ແລະ
ເຮືອນຂອງຂ້ອຍກໍ່ເປັນລະບຽບ.

ຂ້ອຍກໍ່ສາມາດຫຼຶ້ບໄກບໝູ່
ຂອງຂ້ອຍໄດ້.

ຂໍ້ມູນທາງບັນນານຸກົມຂອງຫໍສະໝຸດແຫ່ງຊາດ

ໂຈ ເສເສບເບິ

ການຮັກສາຄວາມສະອາດເຮັດໃຫ້ຂ້ອຍມີສຸຂະພາບ
ແຂງແຮງ L / ໂດຍ ໂຈ ເສເສບເບິ.
-- ວຽງຈັນ: ມັກອານ, 2020

22 ໜ້າ: ພາບປະກອບສີ; 21 ຊມ
1. ວັນນະກຳສຳລັບເດັກ
I. ຊື່ເລື່ອງ

808.899282 – dc21
ISBN 978-9932-09-057-0
ເລກທະບຽນພິມຈຳໜ່າຍ: ຕາມທບ 140 ພຈ 03022020

ກ່ຽວກັບຜູ້ຂຽນ

ເສເສນເບີ ເປັນທັງບັກຂຽນ ແລະ ເປັນແມ່ລູກສາມ.
າງຍັງຂຽນບົຍຍາຍຈົບຕະບາກາບ ເປັນບາງຄັ້ງ.

ມິຄວາມກະຕໍລືລົ້ນໃນກາບຍົກສູງຄວາມຮັບຮູ້ກ່ຽວກັບໂລກຊົມ
າຫຼ້ງເກົຄລູກ, ແລະ ຜົນກະທົບຕໍຄອບຄົວ.

າງອາໃສຢູ່ໃນເຂຄຊົນບະບົຄທາງທິຄຕາເວັນຕົກຂອງເມືອງ
ຣິສເບນ ກັບຄອບຄົວຂອງບາງເຊິ່ງລອມເຖິງໝາພັບເຍຍລະ
ງ ແລະ ໄກ່ຫ້າໂຕ. ບາງ ຮັກ ໂຕອາປາກັຣ.

ທ່ານມັກປື້ມເຫຼັ້ມນີ້ບໍ່?

ທ່ານສາມາດອ່ານປື້ມແບບນີ້ໄດ້ເພີ່ມເຕີມ
ທີ່ຜະລິດໂດຍອົງການ Library For All

ອົງການ Library For All ຜະລິດສື່ການອ່ານ ທີ່ມີຄຸນນະພາບ
ເໝາະສົມກັບວັດທະນະທຳເພື່ອການສຶກສາ ໂດຍນຳໃຊ້ນະວັດຕະ
ກຳແອັບພິເຄຊັ່ນທ້ອງສະໝຸດແບບອິນຊຣ. ພວກເຮົາເຮັດວຽກຮ່ວມ
ກັບນັກຂຽນໃນທ້ອງຖິ່ນ, ຄູອາຈານ, ທີ່ປຶກສາດ້ານວັດທະນະທຳ,
ລັດຖະບານ ແລະ ອົງການຈັດຕັ້ງທີ່ບໍ່ຂຶ້ນກັບລັດຖະບານ
ເພື່ອມອບຄວາມສຸກຂອງການອ່ານໃຫ້ແກ່ເດັກນ້ອຍ ທຸກໆແຫ່ງ.

ມາອ່ານນຳກັບເຮາະ!
libraryforall.org